AF579153

La zarigüeya
Jordan McGill
Animales en mi patio
AV2
SPANISH
www.openlightbox.com

Paso 1
Ingresa a **www.openlightbox.com**

Paso 2
Ingresa este código único
AVV93239

Paso 3
¡Explora tu eBook interactivo!

AV2 es compatible para su uso en cualquier dispositivo.

Tu eBook interactivo trae...

Audio
Escucha todo el lobro leído en voz alta

Videos
Mira videoclips informativos

Enlaces web
Obtén más información para investigar

¡Prueba esto!
Realiza actividades y experimentos prácticos

Palabras clave
Estudia el vocabulario y realiza una actividad para combinar las palabras

Cuestionarios
Pon a prueba tus conocimientos

Presentación de imágenes
Mira las imágenes y los subtítulos

Comparte
Comparte títulos dentro de tu Sistema de Gestión de Aprendizaje (LMS) o Sistema de Circulación de Bibliotecas

Citas
Crea referencias bibliográficas siguiendo los estilos de APA, CMOS y MLA

Este título está incluido en nuestra suscripción digital de Lightbox

Suscripción en español de K–5 por 1 año
ISBN 978-1-5105-5935-6

Accede a cientos de títulos de AV2 con nuestra suscripción digital.
Regístrate para una prueba GRATUITA en **www.openlightbox.com/trial**

Se garantiza que los componentes digitales de este libro estarán activos por 5 años.

La zarigüeya

CONTENIDOS

Esta es la zarigüeya

Tiene el tamaño de un gato.

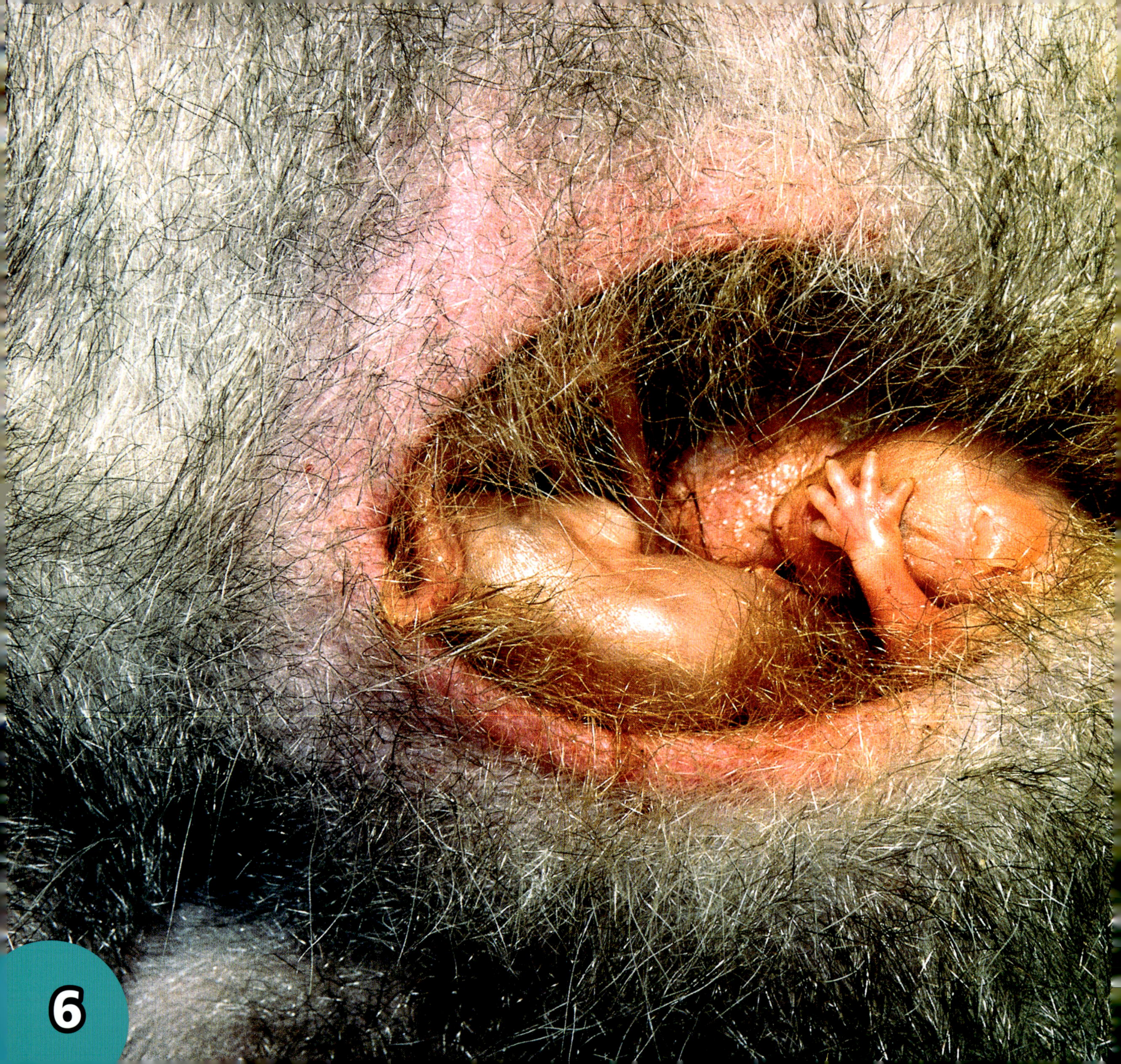

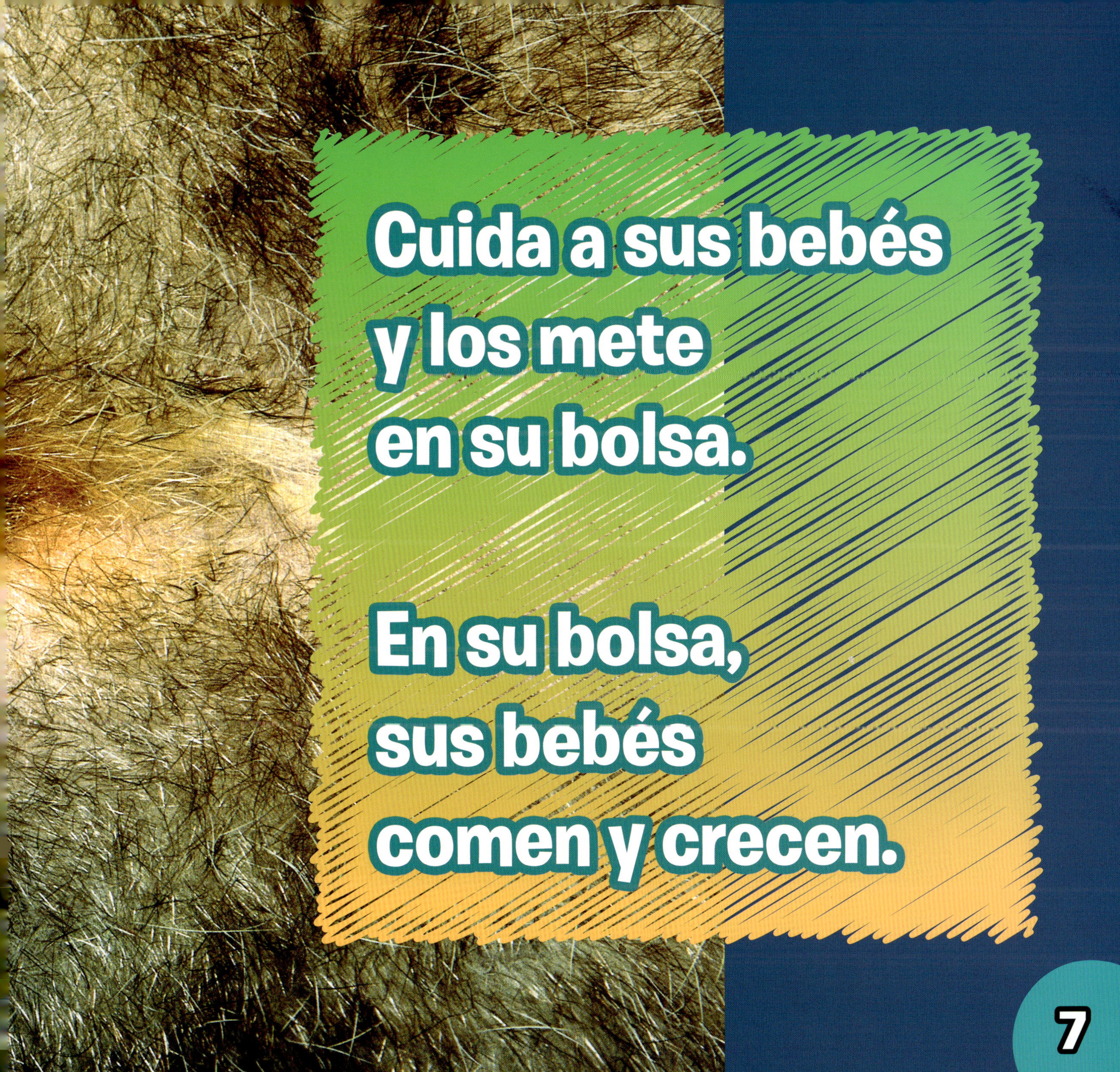

Cuida a sus bebés
y los mete
en su bolsa.

En su bolsa,
sus bebés
comen y crecen.

Sus bebés se llaman crías.

Las crías viajan montadas en su lomo.

La zarigüeya huele con su nariz.

Con su nariz,
puede encontrar comida.

Come casi cualquier alimento que encuentra.

Los alimentos que encuentra son pastos, hojas y semillas.

¿Qué más comen las zarigüeyas?

Come con 50 dientes filosos.

Con 50 dientes filosos asusta a los demás animales.

Amenazas para las zarigüeyas
Linces
Coyotes
Zorros
Halcones
Búhos

Trepa hasta lo alto de los árboles.

En lo alto de los árboles, se mueve con la ayuda de su cola.

Le gusta estar en las alturas, pero vive debajo de la tierra.

Debajo de la tierra, hace su casa con hojas.

Si te encuentras con una zarigüeya, podría hacerse la muerta. No la toques.

Si te encuentras con una zarigüeya, aléjate.

Datos sobre las zarigüeyas

Estas páginas ofrecen información detallada sobre los interesantes datos de este libro. Están dirigidas a los adultos, como soporte, para que ayuden a los jóvenes lectores a redondear sus conocimientos sobre cada animal presentado en la serie *Animales en mi patio*.

Páginas 4–5

Las zarigüeyas tienen el tamaño de un gato doméstico grande. Su cara puntiaguda es blanca con la nariz rosada. Tienen orejas negras y peladas. Las zarigüeyas pueden medir entre 7 y 41 pulgadas (18 y 104 centímetros) de largo, incluida la cola. La zarigüeya es un tipo de mamífero llamado marsupial. Los marsupiales viven en la bolsa de su mamá cuando son pequeños.

Páginas 6–7

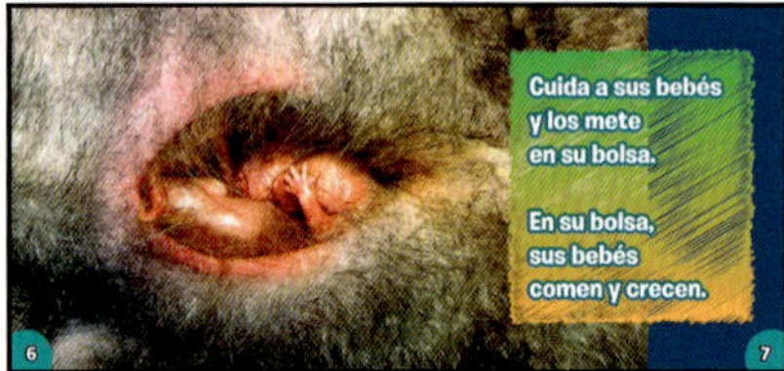

La zarigüeya bebé se llama cría. Al nacer, la cría tiene el tamaño de una abeja y vive en la bolsa de la mamá durante dos meses. En la bolsa, se alimenta de la leche de su madre y comienza a crecer. Sin la bolsa de su mamá no podría llegar a ser adulta.

Páginas 8–9

Después de unos meses, los bebés asoman la cabeza fuera de la bolsa de su mamá. Cuando dejan la bolsa, continúan creciendo. De jóvenes, suelen volver a la bolsa de su madre y viajar montadas en su lomo. Aproximadamente al año de vida, la zarigüeya ya es adulta y está lista para vivir sola.

Páginas 10–11

Las zarigüeyas tienen un agudo sentido del olfato. Usan su sentido del olfato para buscar comida. Las zarigüeyas no ven ni oyen bien. Por eso, también usan su sentido del olfato para moverse por su entorno y evitar los peligros.

Páginas 12–13

Las zarigüeyas son omnívoras. Esto significa que comen tanto plantas como animales. El principal alimento de su dieta son los insectos. Comen grillos, escarabajos, mariposas, gusanos y larvas. En primavera, las zarigüeyas se alimentan de los huevos de las aves. También comen ranas, lagartijas, serpientes y conejos pequeños. Las zarigüeyas comen una gran variedad de frutos y bayas.

Páginas 14–15

Las zarigüeyas tienen 50 dientes en la boca. Tienen más dientes que cualquier otro animal terrestre de América del Norte. Los dientes les permiten masticar. Las zarigüeyas muestran sus dientes para ahuyentar a sus enemigos. Las zarigüeyas sisean o chillan si se sienten amenazadas.

Páginas 16–17

Las patas y la larga cola de la zarigüeya son iedales para trepar árboles. Las zarigüeyas trepan a los árboles para escapar de los depredadores. Las zarigüeyas tienen cinco dedos con garras en cada una de sus patas delanteras. En cada pata trasera, tienen cuatro dedos con garras y un pulgar. Esto, junto con su fuerte cola, les permite trepar con facilidad.

Páginas 18–19

Las zarigüeyas viven en bosques cerca de arroyos, por todo América del Norte. Se las puede encontrar en lo alto de los árboles o dentro de troncos huecos sobre la tierra. Algunas viven en guaridas de marmotas abandonadas o vacías. Las casas de las zarigüeyas se llaman madrigueras. Allí hacen sus nidos con hojas.

Páginas 20–21

La mayoría de las veces, las zarigüeyas asustadas salen corriendo. Pero a veces, cuando tienen miedo, simulan estar muertas. Se acuestan con los ojos cerrados y la lengua afuera. La zarigüeya puede quedarse así quieta por horas. Si te encuentras con una zarigüeya, quieta o moviéndose, no te acerques. Las zarigüeyas muerden y, si se hacen las muertas, es porque tienen miedo.

Published by Lightbox Learning Inc.
276 5th Avenue, Suite 704 #917
New York, NY 10001
Website: www.openlightbox.com

Library of Congress Control Number: 2024947266

ISBN 979-8-8745-1385-6 (hardcover)
ISBN 979-8-8745-1387-0 (static multi-user eBook)
ISBN 979-8-8745-1389-4 (interactive multi-user eBook)

102024
101724

Printed in Guangzhou, China
1 2 3 4 5 6 7 8 9 0 29 28 27 26 25

Designer: Jean Rodriguez
English Project Coordinator: Heather Kissock
Spanish Project Coordinator: Sara Cucini
English/Spanish Translation: Translation Services USA

Every reasonable effort has been made to trace ownership and to obtain permission to reprint copyright material. The publisher would be pleased to have any errors or omissions brought to its attention so that they may be corrected in subsequent printings.

The publisher acknowledges Getty Images, Alamy, Minden Pictures, and Shutterstock as the primary image suppliers for this title.